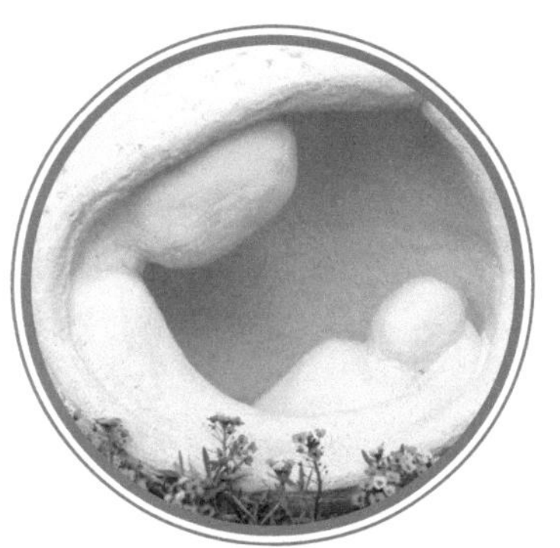

Inga Elisabeth Ohlsen

# Mit dir im Herzen

## Gedichte für Sternenmütter

Mit Skulpturen von
Andrea Ohlsen

# Inhalt

# Einleitung

Liebe Leserin, lieber Leser,

wenn ein Kind stirbt, bricht für die Eltern eine Welt zusammen – es ist unerheblich, zu welchem Zeitpunkt und aus welchen Gründen dies geschieht. Auch wenn jeder Mensch auf seine eigene Weise trauert, gibt es ähnliche Themen und verwandte Gefühle. Zu wissen, dass man nicht allein ist mit seinem Schicksal, kann in dieser Situation eine große Hilfe sein.

Dieses Buch wendet sich an Mütter, Väter, Großeltern, Angehörige und Freunde von Sternenkindern. Dies sind Kinder, die während der Schwangerschaft, der Geburt oder in der Neugeborenenzeit gestorben sind. Angesprochen sind aber auch verwaiste Eltern und Angehörige älterer Kinder. Im Mittelpunkt stehen die Trauer und die Liebe zum Kind.

Die Gedichte sind in der Zeit der Trauer um meine erste Tochter Lahja Marlene entstanden, die am 25. Oktober 2011 geboren wurde und einen Tag später aus unbekannter Ursache starb. In Momenten der intensiven Gefühle kamen Worte und Bilder zu mir. Dem Unfassbaren, Unbegreifbaren durch das Schreiben eine Form zu geben half mir immer wieder, innere Ruhe zu finden und mich mit meinem Sternenkind noch stärker zu verbinden. So wurden mir die Gedichte zum Anker in stürmischen Zeiten. In Momenten wiederum, in denen der Alltag meine Gefühle überdeckte, brachten meine Gedichte mich immer wieder an mein Inneres und erinnerten mich daran, mir Raum für mich, meine Trauer und die Herzensverbindung zu meiner Tochter zu nehmen. Eine liebe Freundin, Susanne Dowall, machte aus dem Gedicht „Seelenreise“ ein berührendes Lied. Wenn Sie mögen, können Sie es sich auf meiner Internetseite www.inga-ohlsen.de und auf Youtube anhören.

Den Namen Lahja hatte ich am Ende der Schwangerschaft geträumt, ohne ihn vorher zu kennen. Er bedeutet „Geschenk“ auf Finnisch. Als sie so unerwartet fortging, wurde mir klar, dass Lahja mir ihren Namen als Botschaft geschickt hatte. Er war für mich die Aufforderung, diese schwere Erfahrung anzunehmen und mich mit ganzem Herzen auf sie einzulassen. Ich erfuhr, dass es auf meinem Weg der Trauer keine Abkürzung gab und ich mich durch viele verschiedene Gefühlsschichten „hindurchfühlen" musste. Mein ganzes Leben war plötzlich so anders als alles, was ich kannte. In meiner großen Verletzlichkeit konnte ich gar nicht anders, als mich mit ganzer Aufmerksamkeit im Augenblick zu verankern. So durfte ich erfahren, dass ich mich im Hier und Jetzt selbst inmitten meiner Trauer lebendig fühlte und auf eine tiefere Weise mit mir selbst und dem Leben verbunden war. Doch dieser Weg verlangte von mir sehr viel Geduld – mit mir und mit meinen Mitmenschen. Die Trauer wurde für mich zu einer Reise zu mir selbst. Sie hat mich stärker berührt und verwandelt als alles, was ich jemals zuvor erlebt habe.

Mein Sternenkind hat mir gezeigt, dass es bei einem Menschenleben nicht auf die Länge ankommt, sondern auf die empfundene Tiefe. Eine Zeit, die uns viel zu kurz erscheint, kann ein ganzes Leben beinhalten. Lahja bleibt für mich auf ihre eigene Weise lebendig und begleitet mich, wo immer ich bin.

Auch wenn es keine klare Abfolge gibt, verändern sich die Gefühle und Themen der Trauernden im Laufe der Zeit.

Es ist jedoch nicht die Zeit selbst, die heilt, es sind die vielen kleinen Schritte im Innen und im Außen, die wir gehen. Dabei brauchen wir das Vertrauen, dass ein Schritt auf den anderen folgt, dass sich unser eigener Weg zeigen und entfalten wird, auch wenn wir ihn jetzt noch nicht sehen können.

Daher ist dieses Buch in drei Abschnitte unterteilt:

Die Gedichte im ersten Teil beziehen sich auf die erste Trauerzeit. In dieser Phase beanspruchen die tiefe Erschütterung, der Schmerz, die Sehnsucht, die Liebe und die unzähligen anderen mächtigen und vielschichtigen Empfindungen allen inneren und äußeren Raum. Die Trauernden müssen die durcheinander geworfenen Teile ihres Lebens neu zusammensetzen und ihre eigenen Antworten auf die großen Fragen des Lebens suchen. In dieser Zeit ist es eine Herausforderung für die Trauernden, gut für sich zu sorgen und auf ihre inneren Grenzen zu achten. Eine weitere Belastung ist, dass viele Menschen im sozialen Umfeld sich mit der Situation überfordert fühlen. Viele Trauernde erhalten nicht das Verständnis und die Unterstützung, die sie dringend brauchen würden. So gleicht die erste Trauerzeit einem Sich-den-Weg-Bahnen durch das Dickicht des Alltags und der Gefühle und die Trauernden brauchen all ihre Kraft dafür.

Im zweiten Teil finden sich Gedichte zur späteren Trauerzeit. Hier ist eine Veränderung des Blickwinkels und der Gefühle spürbar. Wann diese Phase beginnt und wie lange sie dauert, ist – wie bei allem in der Trauer – von Mensch zu Mensch verschieden. Fest steht, dass die Trauer weit über die ersten Wochen und Monate hinaus für das Leben der Eltern eine bestimmende Rolle spielt. Herausforderungen wie erster Geburtstag und Todestag und jede neue Jährung dieser Tage wollen durchlebt werden. Gleichzeitig wächst die Erwartungshaltung des sozialen Umfelds, die Trauernden mögen doch endlich wieder in eine „Normalität" zurückfinden. Es ist so, der umfassende Ausnahmezustand nähert sich früher oder später wieder an eine Alltäglichkeit an. Doch das Leben der Sterneneltern wird nie wieder sein wie vorher. Ihr Sternenkind hat sie verändert.

Der dritte Abschnitt widmet sich dem Thema Folgekind – so werden die jüngeren Geschwisterkinder nach einem Verlust genannt. Denn für die meisten Eltern stellt sich früher oder später die Frage, ob sie ein weiteres Kind in ihr Leben einladen möchten. Dies kann ein leibliches oder auch ein Adoptiv- oder Pflegekind sein. Doch auch wenn ein weiteres Kind ins Leben der Familie kommt, heißt dies nicht, dass nun wieder alles „im Lot" wäre. Die Eltern haben einmal die Erfahrung gemacht, dass ein Kind gegangen ist, das Unvorstellbare geschehen ist. Diese Wirklichkeit haben sie am eigenen Leibe mit jeder Zelle erfahren, sie hat sich tief ins Gefühl eingebrannt. Es ist ein weiter Weg, bis das neue Kind wirklich angekommen ist und die Eltern Vertrauen fühlen, dass es bei ihnen bleibt. Gleichzeitig ist dieser Weg auch eine neue Phase der Trauerarbeit und der Integration.

Manchen Eltern werden aus unterschiedlichen Gründen keine weiteren Kinder geschenkt. Sie durchleben meist eine längere Phase, in der sie hin- und hergerissen sind zwischen Hoffnung, Angst und Enttäuschung, bis sie am Ende ihren Kinderwunsch loslassen müssen oder wollen. Dann kommt zur Trauer um ihr Sternenkind noch die Trauer um den unerfüllten Lebenswunsch und vielleicht das (Erden-) Elternsein überhaupt hinzu.

Wie für die meisten Eltern war und ist es auch für meine Familie sehr wichtig, unserem Sternenkind seinen festen Platz in der Familie zu geben. Wir empfinden es immer wieder als eine Herausforderung, einen bewussten Umgang mit unserem Sternenkind im Familienalltag zu finden und zu leben. Wenn dies gelingt, öffnen sich Räume der Dankbarkeit für das gelebte Miteinander und für die Fülle des Lebens, in der Glück und Schmerz nebeneinander bestehen können.

Ich freue mich von Herzen, dass Sie heute dieses Buch in den Händen halten. Es ist Teil von Lahjas Geschenk, es ist ihre Botschaft der Liebe und der Verbindung. Denn die tiefe Liebe zu unserem Sternenkind hat die Kraft, uns mit einer universellen, bedingungslosen Liebe zu verbinden. Diese Liebe weist über unser physisches Dasein hinaus. Sie verbindet uns mit dem Leben und mit der Schöpfung. Die Liebe ist die universelle Schöpferkraft. Wir alle sind in ihr geborgen, im Unendlichen, in der Ewigkeit, in Gott – wie auch immer wir die Essenz allen Lebens nennen mögen. Wir sind Teil des Ganzen und untrennbar miteinander verbunden – wir Menschen auf Erden und unsere geliebten Wesen auf der anderen Seite, die wir im Herzen bei uns tragen.

Ich fühle tiefe Dankbarkeit, dass diese Botschaft ihre Kreise ziehen darf. Es ist mein Herzenswunsch, dass die Worte und Bilder Trauernde begleiten und ihnen guttun. Dabei möge sich jede und jeder das herausnehmen, was in diesem Moment passend und hilfreich ist, und alles andere beiseitelassen. Meine Hoffnung ist auch, dass das Buch zur Brücke wird, indem es Angehörigen und Freunden hilft, die Trauernden besser zu verstehen und ihre Unsicherheit im Umgang mit ihnen zu überwinden.

So können sie auf eine tiefere Weise am Weg der Trauernden Anteil nehmen und für ihr eigenes Leben lernen.

Mein großer Dank gilt meiner Tochter Lahja, meinem Vater Ernst-Peter, der am 25. Januar 2016 gestorben ist, meiner Mutter Andrea, meinem Mann Jörg, allen lieben Menschen, die mich auf meinem Weg begleiten und begleitet haben, all denen, die an der Entstehung dieses Buches mitgewirkt haben und allen, die die Botschaft der Liebe in die Welt tragen.

Bleiben Sie behütet auf Ihrem Weg.
Herzlichst, Ihre
Inga Elisabeth Ohlsen

## Gedanken von Andrea Ohlsen zur Entstehung der Skulpturen und der Fotos

Ich durfte mein erstes Enkelkind nicht kennenlernen. Meine Freude über ihre Geburt wurde jäh durch völlige Hilflosigkeit und Ohnmacht über ihren Tod überrollt. Niemand sagt Großeltern, wie sie um ihr Enkelkind trauern dürfen, wie sie die trauernden Eltern unterstützen können. So dachte ich, ich dürfte meiner Tochter meine Gefühle nicht zeigen, ich müsste stark sein für sie. Ich wollte sie nicht auch noch mit meiner Trauer belasten. Die Trauer zog sich in mein Inneres zurück wie ein schwarzer Klumpen.

Aber ich erlebte, wie sie ihren Trauerweg in Worte fasste: berührende, verstörende, durchsichtige, weitsichtige Worte. Ich begann, meine eigene Trauer um mein Enkelkind in Ton zu formen. Wie von allein formten meine Hände Mütter mit Kindern und Familien.

Vier Jahre später starb mein geliebter Mann Ernst-Peter ebenso unerwartet. Durch die Gedichte und indem ich meine Trauer weiter in Ton formte, eröffneten sich mir Wege der Heilung und der Liebe.

Ich verbrachte viel Zeit mit meinen Skulpturen und dem Fotoapparat in der Natur. Intuitiv setzte ich sie an Orte, an denen sie sich gut und richtig anfühlten – oft war es fließendes Wasser. Und es war mir, als müssten die Figuren dort bleiben, als würden sie sich mit ihrer Umgebung verbinden. In diesen Momenten fühlte ich mich eins mit der Natur, mit der Energie um mich herum, mit den lebenden und den gegangenen Liebsten. So lerne ich Aushalten, Zulassen, Annehmen. Es ist, wie es ist.

Das künstlerische Ausdrücken unserer Trauer führte meine Tochter und mich zueinander und brachte eine ganz neue Nähe hervor. In unserer gemeinsamen Arbeit an diesem Buch vertiefte sie sich weiter. So ist ein Gesamtkunstwerk entstanden: Die Gedichte und die Fotos der Skulpturen verbinden sich miteinander und verstärken so ihre heilsame Wirkung. Die Bilder laden die Trauernden beim Lesen der Gedichte zu einem Ausruhen der Seele ein.

# Die erste Trauerzeit

# Sternenmutter

Ich wollte so gern eine Mutter sein,
wollte schützen, begleiten,
ernähren und pflegen,
genießen und prägen
und lieben vor allem.

Nun kann ich's nicht leben
und dann wieder doch.
Denn Mutter, das bin ich
auf andere Weise,

so unermüdlich –
unsichtbar.

Ist es nicht das Schwerste für eine Mutter
und auch das Wichtigste zugleich,
ihr Kind freizugeben für eigene Wege,
es in Liebe begleiten
ganz ohne Bedingung,
selbst wenn doch so anderes sie wünschte?

So ist es.
Und obgleich ich nur für kurze Zeit
erlebte die Freuden als Erdenmutter,
bin als Seelenmutter ich weiter am Werke,
mit Liebe und Zärtlichkeit,
Mut, so viel Kraft.
An jedem Tage aufs Neue
schenke ich dir mein Herz,

bin Engelsmutter,
Sternenmutter,

so unermüdlich –
unsichtbar.

# Seelenreise

Welch wundersame Wege gehst du,
von mir selbst gewähltes Leben,
welch unergründlich Kreise drehst du,
in die ich mich hineinbegeben.

Ich lasse mich flussabwärts treiben,
hinab zum Ozean, zum Meer.
An keinem Orte kann ich bleiben,
das Abschiednehmen fällt oft schwer.

Mal plätschern Wellen friedlich leise,
mal schüttelt mich des Stromes Kraft.
All dies gehört zu meiner Reise,
die neue Einsicht in mir schafft.

Und jede Biegung, jede Schnelle,
führt mich näher zu mir hin.
Sie bringt zum Ursprung mich, zur Quelle,
zur tiefsten Sehnsucht nach dem Sinn.

Die Liebe ist mein Ruderboot,
sie ist mein treuer Wegbegleiter.
Im Glück und in der tiefsten Not
trägt sie mich unbeirrbar weiter.

Ich gebe mich in ihre Stärke,
den sich'ren Schutz der sanften Macht,
vertrau' auf ihre Wunderwerke,
Geschenke, die sie mir gebracht.

Wenn ich im Dunkeln schier verzage,
dann zeigt sie mir mein Seelenlicht,
welches ich immer in mir trage,
das mir und dir von Hoffnung spricht.

So reise ich, um zu verstehen,
geheimnisvolles Lebensband,
um tiefer in den Tanz zu gehen,
das Spiel in uns'res Schöpfers Hand.

## Hinter der Tür

Du bist nicht fern, geliebte Seele.
Ich muss den Schritt nur tun –
hinein ins Vertrauen,
ins Licht.

Dann bin ich bei dir und du bist bei mir.
Dann bin ich getragen,
bin behütet, geführt
auf meinem Weg zwischen Himmel und Erde,
auf meinem Weg zur strahlenden Liebe.

# Worte von der anderen Seite

Wenn du versinkst
im Meer deiner Tränen,
dann weine ich mit dir.

Wenn du leise lächelst
durch den Schleier deiner Tränen,
dann lächle ich mit dir.

Wenn du die Liebe spürst
inmitten deiner Tränen,
dann jauchze ich vor Glückseligkeit.

Dann strömen Licht und Trost in dein Herz.
Und auf den Schwingen der Sehnsucht,
in zeitloser, innerer Verbundenheit
fliegen wir gemeinsam
in den unendlichen Weiten des Seins –
im Leben getrennt,
doch in der Liebe vereint.

# Dabei

Wo immer mein Körper und Geist gerade wandeln –
du bist dabei.
Bist in meinem Herzen,
ein Teil von mir,
so wie Teil nun von allem.

Was immer im Außen geschehen mag –
du bist dabei.
Zeigst dich in Zwischenräumen,
im Hauche klirrender Sehnsucht,
auf leerem Stuhl in unserer Runde.
Verstreust deine Gaben mit offenen Händen,
an die, die dein helles Lied hören.

Dabei klopfst du nicht an,
nein, stürmst einfach hinein,
um uns mit Augenzwinkern zu zeigen:
„Seht her, ich bin da!
Vergesst doch die Form,
lasst los und lasst zu,
dass sich alles neu ordnet."

In der Stille hör' ich deine goldschwingend' Stimme,
liebevoll streichelnde Gegenwart.

So lausche ich, fühle,
dringe Schicht um Schicht in mein Herz,
dorthin, wo die Freude so leichtfüßig tanzt,
in diesen zeitlosen Raum ohne Fragen.

Und an diesem Platz, da erwartest du mich,
bist immer schon da.
Hier vereinen wir uns eines seligen Tages
zum gemeinsamen Atemzug ewigen Alls.

# Mutter!

Seht mich an!
Ich bin eine Mutter.
Und mein Kind ist so schön
und so zart.

Ich habe es geboren,
nicht lang ist es her,
voller Stolz bin ich
und voller Liebe.

Bis vor Kurzem trug ich
meinen Bauch vor mir her
und alle Welt schaute mein Glück.

Mein Kind ist geboren –
und nun ist es tot,
kann nie wieder im Arm es halten.

Um mich herum
spazieren die Mütter,
schieben wie selbstverständlich den Wagen.

„Ich bin auch eine Mutter!“,
schreit es in mir.
„Mein Kind ist besonders,
trägt Flügel statt Windeln
und ich habe es bei mir
wie ihr alle auch.“

Doch ich schlucke die Worte,
zu groß ist der Schmerz,
meine Angst
vorm Erschrecken der Anderen.

Diese hilflosen Blicke,
betroffenes Schweigen,
oder schlimmer noch tröstender Redefluss –
das kann und will ich nicht haben.

Zu schwer trage ich an den eigenen Tränen,
in meinem stillen und einsamen Muttersein.

# Raupe und Schmetterling

Wie die Raupe zum Schmetterling
hast du dich aus der Form geschält,
die Flügel ausbreitend
bist du entflogen.

Die Raupenhülle vor mir,
das bist nicht mehr du,
und mein Herz, es erschrickt
vor dem leblosen Körper.

Meine leeren Arme wollen dich greifen
und strecken die Hand hin zum Schmetterling.
Doch zu hoch hast du dich schon geschwungen.

Ein Teil freut sich mit dir,
du bist jetzt ganz frei,
bist geborgen in himmlischer Liebe.

Ein Teil ist so traurig,
versinkt in dem Wunsche,
ich flög' jetzt mit dir hin zur Sonne.

Doch meine Erdenhaut hält mich gefangen so fest,
sagt: „Du bist zu schwer, um zu schweben.
Jahr und Tag sollen vergehen
bis du nachfolgst ins Licht."

Doch du hast mir gezeigt
wie ein Schmetterling fliegt,
die Gewissheit trag ich nun in mir.
Und ach –
spür ich nicht vielleicht einen Hauch?
Mein Flügel, er beginnt sich zu regen.

# Warum

„Warum?“, so ruft es laut in mir,
„Wieso grad du, weshalb denn wir?“,
es kommen viele Fragen.

Verstand, er dreht sich nur im Kreise,
sieht keinen Grund für deine Reise
und möchte ewig klagen.

Verborgen liegen Schicksalspfade,
mir bleibt nur Glauben an die Gnade,
die Liebe und den Sinn.

Dies ist mein einzig fester Halt,
und wenn's im Kopf auch anders schallt,
mein Kern, er nimmt es hin.

Im tiefsten Innern fühl‘ ich Frieden
mit dem, was mir und uns beschieden,
weiß: Wir sind nie getrennt.

So werd‘ ich meinen Weg beschreiten,
lasse von deiner Hand mich leiten,
die keine Grenzen kennt.

# Geheimnis der Trauer

So unergründlich die Trauer mir scheint,
die Facetten und Dimensionen,
die Vielfalt des Lebens in ihr vereint,
will sie ganz und gar mich bewohnen.

Samtene Schleier, sie hüllen mich ein,
ich kann nur noch fühlen statt denken,
sie umfassen mein Wesen, mein menschliches Sein,
den Blick ganz nach innen zu lenken.

Berührbar bin ich, verletzlich und zart,
kann jeden Schritt achtsam nur gehen,
muss von morgens bis abends auf ganz neue Art
mich selbst und die Menschen verstehen.

Geschärft und gefordert wird so mein Blick
für die inneren Grenzen und Schwellen,
um mit Mut und Beharrlichkeit, sanftem Geschick
mich dem Alltag wieder zu stellen.

Dies alles darf ich als Chance begreifen,
anstatt an der Last zu zerbrechen.
An den schmerzlichen Einsichten möchte ich reifen
und lernen, meine Wahrheit zu sprechen.

Ich fühle, es liegt mir in eigener Hand,
wie ich dieses Schicksal nun trage,
das mit Leben und Sterben mich enger verband,
so dass ich den Neubeginn wage.

Die Trauer führt mich in Tiefen der Seele
und begleitet mich in das Vertrauen,
dass ich für mich richtige Bahnen erwähle,
am Frieden des Herzens zu bauen.

# Schutzraum

Manchmal trüge ich gerne ein Schild vor mir her,
auf dem steht: „Ich bin in Trauer. Bitte seien Sie achtsam!“,
damit jeder gleich sieht: Hier lebt jemand ganz anders,
ist zerbrechlich, empfindsam wie hauchdünnes Glas,
erschrickt vor der Härte des Alltags.

Ich brauche Schutz, brauche Raum,
ein liebes Wort, sanften Blick,
Mitgefühl für mein langsames Tempo.

Dann müsst‘ ich nicht Schnecke sein in meinem Haus,
meine Schutzschichten nach und nach wachsend,
wagte ich mich allmählich ein Stück weit hinaus,
könnt‘ dank Achtsamkeit wieder genesen.

# Liebesspirale

Wenn meine und deine Liebe sich treffen,
dann wirbeln sie fröhlich-leicht ineinander,
wie eine himmelwärts strebend' Spirale,
sich haltend und nährend,
doch jede für sich,
in Freiheit und Stärke.

In uns'rem lebendigen Tanze des Lebens
versprühen wir glitzernde Funken der Freude.
Die fallen hernieder,
verteilen sich weiter,
hüpfend und springend,
leuchtende Spur.

Wir bewundern so froh und gelassen die Funken,
denn wir wissen,
sie kommen durch uns.

Unser Tanz ist Geschenk,
unser Tanz ist Gebet,
immer wieder ganz neu,
damit wir sie fühlen,
damit wir sie teilen,
diese Liebe der Schöpfung,
ihren zeitlosen Puls,
die herzbewegte Dankbarkeit.

## Novemberabend

Sacht streifen Wolken am Abendhimmel,
erleuchtet vom letzten Tagesglanz.
Schwarz ragen Bäume empor,
recken kahl ihre Äste.

Der Herbstwind blies ihre Blätter fort –
so wie das Schicksal dich fortgenommen,
aus unseren Armen
ins Unsichtbare.

Nackt wie die Bäume
steh' ich nun hier,
so verletzlich
muss ich überwintern.
Sammle die Lebenskräfte im Innern,
doch der Schmerz liegt so schwer mir im Herzen.

Sanft senkt sich die Dämmerung,
alle Formen verschwimmen
und ich gebe mich ganz ins Gefühl.
Durch den Schleier der Tränen
trifft mein Blick eine Kerze,
die mir tröstlich und leise flüsternd verspricht:

Wie mein Licht jetzt dir leuchtet
in den dunkelsten Stunden,
so leuchtet das Seelenfeuer in dir.
Es birgt für dich mehr als die Hoffnung,
Gewissheit:
Alle Wunden verheilen –
deine Liebe, sie bleibt.

Auf den Winter folgt Frühling –
erst hier
und dann –
dort.

# Wie ich dich fühle

Wie gern wär‘ ich bei dir,
mein Liebstes auf Erden.
Du bist mir so nah und zugleich auch so fern,
nur innere Sinne dich fühlen.

Ich fühle dich, wenn die Gedanken verstummen,
wenn Raum ist für Frieden und stilleres Glück,
wenn du wie eine Muse mir Worte einflüsterst,
sie schickst mir mit innigem, zärtlichem Kuss.

Ich fühle dich, wenn ich meine Lieder singe,
Verbindung in sehnsuchtsvoll schwingendem Ton.
Geheimnisvoll unsichtbar führtest du mich
schon in kleiner und großer Entscheidung.
Bist bei mir in schwersten Momenten der Trauer,
spannst leise die Netze auf über dem Abgrund
der Sinnlosigkeit und Verzweiflung.

Manchmal sendest du greifbare Grüße mir
in Begegnung mit sonst scheuen Tieren.
Hier ein Vogel im Raum, hinter mir springt ein Reh
und das Eichhörnchen frisst meine Krumen.

So zeigst du mir auf deinen eigenen Wegen,
du bist da und erwartest mich sehnlich.
Deine Aufgaben hast du wohl dort und ich hier,
doch nicht lang und wir sehen uns wieder.

Wenn dann unsere Seelen im Licht sich vereinen,
umarmen wir uns in endloser Freude.
Bis dahin vergeht flüchtig Wimpernschlag
in den fließenden Kreisen der zeitlosen Zeit.

# Sternenkind

Was Schock für mich in jeder Zelle,
war für dich friedlich sanfte Schwelle
ins Licht und Freiheit ohne Sorgen.
Du bist ganz sicher wohl geborgen.

So unbegreiflich ist dein Gehen,
wie sollen wir es je verstehen?
Den Grund kennt deine Seel' allein,
sie wählte diesen Weg im Sein.

Du hast als Eltern uns erkoren,
bist nur für kurze Zeit geboren.
Führst deinen Weg fort bei den Sternen.
Wir sollen, dürfen durch dich lernen.

Begleitest uns auf deine Weise,
bist Sternenkind in unser‘m Kreise.
Schickst Hoffnung in die schwere Zeit
als Lichtstrahl aus der Ewigkeit.

# Tanz auf dem Seil

„Das Leben geht weiter."
„Du musst jetzt nach vorne schauen."
– Sätze, die wie Parolen ab und zu fallen,
gut gemeint und doch nicht passend,
hölzern, wie ein verstaubtes Kochrezept aus der Schublade gezogen,
geboren aus der Hilflosigkeit, dass es keinen echten Trost geben kann.
Und aus dem verständlichen Wunsch, alles möge doch bald wieder normal sein,
in den gewohnten und gewünschten Bahnen weitergehen,
damit alle wieder durchatmen können und sich ein wenig sicherer fühlen.

Wie sollen die Anderen auch verstehen,
dass die Welt sich für mich auf einmal so anders dreht?
Die Begegnung mit dem Tod von Angesicht zu Angesicht
hat die Grundfesten meiner Sicherheit erschüttert.
Alles ist anders, jeder Schritt ungewohnt, wackelig,
als lernte ich das Gehen neu.

Ich bin zur Wanderin geworden, der die alten Stiefel nicht mehr passen,
die sich nicht mehr nach den bewährten Wegweisern richten kann und will.
Die einzige Art und Weise, mich nicht zu verlieren,
ist, wenn ich barfuß laufe,
denn so empfindsam wie meine bloßen Füße ist auch meine Seele.
Mit meiner Zartheit kann ich nur im Hier und Jetzt lebendig sein und gedeihen,

denn ich habe erfahren, dass ich nichts im Leben planen kann
und die Wegweiser mir eine Sicherheit nur vortäuschen.
Der Blick nach vorn bringt mich nur weg vom Blick nach innen.

Ich fühle mich wie eine Seiltänzerin in schwindelerregender Höhe,
ohne Netz und doppelten Boden.
Jeder kleine Schritt voran,
der von außen ganz mühelos erscheint,
erfordert höchste Konzentration und Fokus,
damit ich in der Balance bleibe und nicht strauchle –
auch wenn ich nach außen hin lächle.

Ich fühle den Wunsch und die Unabdingbarkeit,
mich fortan einzig und allein von meinem inneren Kompass führen zu lassen
und mich für jeden Schritt neu zu entscheiden.
Denn nur so kann ich den Samen der Hoffnung und der Freude
in meinem Herzen täglich nähren,
mit der feinen Achtsamkeit des Augenblicks.

Dann kann ich meine Augen und mein Herz immer weiter öffnen
für das, was sein und was werden will,
kann mehr und mehr Vertrauen fassen,
dass die guten Zeiten nicht in einer unerreichbar fernen Zukunft liegen,
sondern ich sie mir selbst auf meine eigene Weise
in diesem Moment erschaffen kann –
mit dir, geliebte Seele, immer bei mir.

# Du und ich

Du und ich,
mein Geliebter,
sind verbunden in Trauer.
Unser Kind ist gegangen,
doch wir sind noch da,
wir halten uns fest aneinander.

In der Nacht wach‘ ich auf,
voller Angst, ob du lebst –
und du atmest
und ich streichle dich sanft.

Wärst du nicht auf Erden,
was sollte ich hier?
So groß ist die Sehnsucht nach drüben.

Du und ich,
wir teilen dies Schicksal.
Es ist unsere Familie,
unser inniges Glück,
das in tausende Scherben
so plötzlich zerbrach.

Du und ich,
jeder trägt seinen eigenen Teil,
muss im Alltag bestehen,
neue Wege betreten.
Unser Leben wird nie wieder sein, wie es war.

Bitte halt mich im Arm,
nimm meine Hand in die deine,
so kann ich ausruhen von allem da draußen.
Dann atme ich dankbar die Wärme, die Nähe,
die unsere Liebe trotz allem uns schenkt.

Und ich fühle,
dass in mir die Kräfte erwachsen
all dem zu begegnen,
was das Leben uns bringt.

Du bist mehr als Gefährte
in den schwersten der Stunden,
bist auch Hafen der Hoffnung
auf leichtere Zeit.

# Was ich von dir brauche – Bitten an meine Familie und Freunde

Was ich von dir brauche,
ist, dass du da bist, mit allem was ist,
mir deine Hand behutsam entgegenstreckst
durch kleine Zeichen der Aufmerksamkeit,
die keine Antwort erwarten,
und die mir zeigen, du bist an meiner Seite.

Was ich von dir brauche,
ist eine sanfte Umarmung, deine Hand auf meiner.
So kann ich mich bei dir ausruhen –
denn ich bin so erschöpft von den Stürmen,
die in meinem Inneren toben.

Was ich von dir brauche,
ist dein offenes Ohr
und vor allem dein offenes Herz, dein ehrliches Mitgefühl.
Denn nur in einem Raum der Liebe
kann ich mit allem da sein, was mich bewegt.
Ich weiß, dass das nicht leicht für dich ist,
besonders dann, wenn mein Schmerz und meine Traurigkeit
in dir Saiten zum Schwingen bringen,
deren Klang sonst vom Rauschen des Alltags übertönt wird
und du deine eigene verschüttete Trauer spürst.

Was ich von dir brauche,
ist, dass du authentisch bist,
dich nicht verstellst
und versteckst hinter Floskeln.
Wenn es dir einmal zu viel wird, sag es mir bitte offen.
Sorge auch für dich,
denn ich kann dich nicht mittragen.

Was ich von dir brauche,
ist deine ganze Achtsamkeit.
Denn ich fühle mich so zart wie aus dünnem Glas.
Wenn ich nicht ganz sicher bin,
dass du dir meiner Zerbrechlichkeit bewusst bist,
wage ich nicht, dir mein Innerstes zu zeigen.

Was ich von dir brauche,
ist die Einsicht, dass du mich nicht trösten kannst
und dass wohlgemeinte Worte des Trostes,
wenn sie nicht tief aus deinem Herzen kommen,
mich verletzen können und ich mich noch einsamer fühle.

Was ich von dir brauche,
ist das Annehmen unserer Hilflosigkeit
angesichts der unerklärlichen Macht des Schicksals.
Es ist in Ordnung, dass du im Moment nichts weiter tun kannst,
als einfach da zu sein, dich berühren zu lassen
und mit mir in das Meer der Gefühle einzutauchen.

Was ich von dir brauche,
ist der Mut, mir Fragen zu stellen,
auch wenn ich nicht auf alle eine Antwort geben kann;
der Mut, die Stille auszuhalten,
wenn Worte nicht reichen,
um die Dimension der Gefühle zu erfassen.

Was ich von dir brauche,
sind dein offenes Ohr und deine Geduld,
wenn ich wieder und wieder über mein geliebtes Kind und die Zeit mit ihm sprechen möchte.
Denn es tut mir gut, wenn ich auch meine glücklichen Momente und meinen Stolz teilen darf.
Vielleicht ist es für dich zu Beginn befremdlich,
wenn ich so viel von einem Toten spreche.
Doch für mich ist und bleibt mein Kind ein wichtiger Teil meines Lebens
und das Erzählen hält meine Erinnerungen lebendig.

Was ich von dir brauche,
ist Verständnis, dass ich in einer ganz eigenen Welt lebe
– in einer Welt zwischen den Welten –
und mich nicht so auf deine einlassen kann,
wie ich es früher getan habe.
Es ist nicht so, dass mich dein Leben nicht interessiert.
Doch ich brauche gerade alle meine Kraft,
um die zersplitterten Einzelteile meines Herzens zusammenzusuchen.
Nur so kann ich mir den Weg durch meinen Alltag bahnen
ohne mir an jeder Ecke blaue Flecken zu holen,
da meine Sinne nur nach innen schauen.

Was ich von dir brauche,
ist Respekt dafür,
dass das normale Leben mir im Moment oft zu laut und zu schnell ist.
Dann fühle ich mich in der Geborgenheit meines Zuhauses wohler als unter Menschen.
Denn die Trauer, die Liebe und die Sehnsucht
haben mich so allumfassend in ihren Händen.

Was ich von dir brauche,
ist Direktheit. Trau dich bitte, mich zu fragen,
wenn du unsicher bist, was für mich gerade stimmig ist.
Es kann sein, dass meine Antwort ganz anders ist, als du es erwartet hättest.
Und es kann auch sein, dass sie nur wenige Momente später schon wieder ganz anders ausfällt.
Denn meine Trauer ist wie ein Ozean voller Wellen,
die kommen und gehen in ihrem ganz eigenen Rhythmus
und die sich nicht nach den Regeln unserer Gesellschaft richten.

Was ich von dir brauche,
ist, dass du mir auch nach Monaten und Jahren immer wieder zeigst:
„Ich bin bei dir, jetzt und später."
Denn für mich läuft die Zeit anders.
Und gerade dann, wenn scheinbar alles wieder seinen normalen Gang geht,
kann es sein, dass deine liebende Gegenwart für mich am wichtigsten ist.

Was ich von dir brauche,
ist das Vertrauen, dass ich die Kraft finden werde, meinen eigenen Weg zu gehen
– mit meinem Sternenkind im Herzen.

# Die spätere Trauerzeit

# Lebensnetz

Dein Tod riss ein Loch in mein Lebensnetz,
es klafft riesig und schwer mir im Herzen.
Es braucht wohl der Fäden unendliche Zahl,
mit ganz achtsamen Griffen geflochten,
bis der Boden des Netzes mich fest wieder trägt
und ich Schritte ins Neue drauf wage.

Und auch dann noch,
wenn ich leichteren Fußes wandle,
wird das Loch in mir spürbar doch bleiben.
Du wirst immer mir fehlen,
ob im Schmerz, ob im Glück,
auch wenn meine Liebe dich findet.

Die Trauer ist mein genügsamer Gast,
und das Leben als leeres Blatt vor mir.
Alle Wünsche und Hoffnungen wurden zu Staub
durch den mächtigen Atem des Schicksals.
Seine Wege werde ich niemals begreifen,
kann das Blatt nur bemalen, nicht wenden.
Mein Innerstes hat sich von Grund auf gewandelt,
verstehe jetzt anders die Tiefe des Seins,
dass allmächtig die Liebe den Tod überwindet,
denn Leben und Sterben – alles ist eins.

Und jeder lebendige Schlag meines Herzens
spricht mir von meiner Berufung auf Erden.
Hier bin ich im Auftrag der Liebe allein:

Liebe zu geben,
Liebe zu leben,
Liebe zu sein.

## Farben des Lebens

Mein Leben mit dir
sollte farbenfroh sein,
so erschien es mir in meinen Träumen.
Mein Leben mit dir
sollte liebevoll sein,
voller Tiefe und innig verbunden.

Ich wollte dich lieben,
mit allem, was ist,
ganz egal, was du mit dir wohl brächtest.
Es erschien mir so klar,
dass du nun Tag für Tag
mein Gefühl und mein Leben begleitest.
Vieles würde sich ändern
im Kleinen und Großen,
nicht zuletzt ich mich selbst –
als Mensch und als Mutter.

All dies ist geschehen,
doch ganz und gar anders
als das Wunschbild, an dem ich gezeichnet.
Ein Teil in mir schreit:
„So wollte ich es nicht haben!
So sollte mein Leben mit dir niemals sein!“

Und dann gibt es da noch
den anderen Teil,
der zwar leiser, doch eindringlich flüstert:
„Schau genauer noch hin,
sieh, dein Kind ist doch da,
ist weiterhin in deinem Leben!
Es begleitet dich liebend
auf Schritt und auf Tritt.
Mit den inneren Augen
kannst du es sehen
und im Herzen allezeit fühlen.“

Und so lerne ich langsam
dieses andere Bild kennen:
Nicht weniger bunt ist es,
nur erst verborgen.
Es ist mir, als blickte ich unmittelbar
auf das Wesen der Dinge.
Mein Leben dreht sich
vom Kopf auf die Füße
und der Wechsel des Blickes
ist machtvoll und neu.

Und so liebe ich weiter,
in Herz und Gedanken,
in Taten und Worten,
wo immer ich bin.

Fasse immer und immer wieder den Mut,
in die Farben des Lebens zu blicken,
seine Schönheit zu lieben,
mit dir stets dabei –
auf diese so andere Weise.

# Erwachende Lebensfreude

Beim Blick in die Bäume,
die rauschenden Blätter,
begrüßt mich ganz leise
ein neues Gefühl.

Es ist mir bekannt noch aus anderen Zeiten
und lange nicht mehr
war es bei mir zu Gast,
streichelt sanft mein Gemüte,
so erfrischend und süß,
eine Botschaft des Lebens an mich.

Es sagt mir:
„Das Leben ist wunderschön
und so leicht und so frei
und voll Freude."

Es kitzelt mich zärtlich,
fordert neckisch heraus,
mit herrlichen, frohen Versprechen.

Noch kann ich's kaum glauben,
dass es wirklich so sei.

Tag für Tag ging's nur schwer
und sehr mühsam voran,
war mehr dunkel als hell,
mehr erfror'n als lebendig.

Ach, wie gern möcht' ich leicht sein,
möchte tanzen, mich freuen,
dass mein Herz wieder lache und springe.

Wenn noch manchmal ein Schatten hinüberstreift,
will ich grüßen den alten Gefährten
und sagen: „Zieh ruhig weiter,
denn wir kennen uns schon zur Genüge."

Und was auch geschieht,
du bleibst immer bei mir,
ob in Freude, in Trauer, im Tanze.

Denn das Leichte, das Licht,
das ist nun dein Revier
und du wünschst es mir so,
dass auch ich freudig schwebe,
mich der Welt wieder öffne
– ohne dich, doch mit dir.

# Wehmut

Leise tröpfelt die Wehmut.
Tropfen um Tropfen
fällt sie in mein Herz,
zieht feine Kreise,
die sich in mir ausbreiten
bis in die Zehenspitzen,
so zart, so schwer.

Manchmal dringt mir ein Tropfen
als Träne ins Auge,
unmerklich, bittersüß, einsam.

Meine Sehnsucht nach dir
spannt seidene Fäden,
wie ein Spinnennetz,
vibrierende Brücke
zur anderen Welt.

Daran reihen sich Tropfen der Wehmut –
Perle an Perle.

Wenn dann mir im Innern
wieder Sonne erstrahlt,
funkeln die Tropfen in all ihrer Pracht.
Und aus dem zitternden Reigen ihres Regenbogenglanzes
spricht Hoffnung
auf glückliches Wiedersehen.

# Herbstlicht

Strahlender Herbst:
farbige Blätter,
erleuchtet ganz plötzlich
vom Sonnenglanz,
der die feuchte Erde berührt.
Aus trostlosem Grau
wird wärmendes Gold,
was eben noch trübe,
bringt Licht in mein Herz.

In der Schönheit der Zweige
spüre ich dich,
als winkten sie zärtlich mir zu.
Dein Geist grüßt in allem,
wenn ich nur lausche
und innehalte im Weitergehen.

Da flattert ein Schmetterling,
setzt sich aufs Blatt,
verharrt nur ganz kurz,
bis er wieder entschwindet.
Sag, warst du es, mein Engel?

So gern will ich's glauben,
denn so nah bist du mir alle Zeit.

Dein Geschenk ist ein anderes,
als ich mir erhoffte,
und doch von unschätzbarem Wert.
Denn du hast mir gezeigt,
was Liebe bedeutet,
dass der Tod uns niemals entzweit.

Ich will danken mit jedem Atemzug,
dass es dich gab und dich gibt,
nun auf inneren Wegen
und sie alle sind Wege
in Liebe.

# Herzensschatz

Erinnerung ist mir ein kostbarer Schatz
voll funkelnder, leuchtender Steine.
Nehm ich einen heraus,
blühen Bilder neu auf,
vergangenes Gefühl wird lebendig.
Es ist mir wie Nahrung der traurigen Seele,
die nach deiner Nähe so dürstet.

Auch wenn manch Juwel kleine Schatten mag tragen,
überstrahlt doch die Liebe sie alle zugleich.
Die himmlische Liebe, die zwischen uns floss,
ich möchte sie fühlen, mich an ihr erfreuen,
auch wenn du woanders jetzt bist.

Diesen Reichtum kann niemand mir nehmen.
Denn er ist an dem sichersten Orte der Welt,
auf dem Grund meines liebenden Herzens.

# Gedanken am Grab

Hier steh ich am Grab,
kaum kann ich es glauben,
dass so lang schon
dein Körper hier weilt.
Ich weiß es,
wir legten dich
tief in die Erde,
erinnere genau
diesen traurigen Tag.

Dein Körper ist tot,
aber du bist lebendig,
bist bei mir und bei uns
jederzeit.
Du bist Teil uns‘res Alltags,
denn wir denken dich mit.
Und dein Name
klingt wie ein Zauber.

Unser zauberhaftes Kind bist du,
bist in unseren Herzen,
in Gedanken und Liedern,
hast viel uns geschenkt
und wirst weiter uns schenken.

Wenn wir uns verbinden,
uns öffnen
und lauschen,
dann erklingt deine Stimme
der Liebe in uns.

Dann spür‘ ich den Segen
dieser schweren Erfahrung
und Dankbarkeit
durchstrahlt meine Trauer.

Du bist mein Geschenk
des Bewusstseins,
des Fühlens,
der liebevollen Achtsamkeit.

Und die Jahre,
die ich hier auf Erden verbringe,
sind Teil meines Weges
zu mir
und zu dir.

# Mit dir im Herzen

Mit dir im Herzen ist die Welt so rund,
Alltägliches verliert an Bedeutung
und das Größere nimmt seinen Raum.

Du lenkst meinen Blick
auf die sprudelnde Quelle,
die tief in mir drin
sich beständig ergießt,
die in Lachen und Tränen
und tiefer Berührung
mich verbindet
mit mir
und mit dir
und dem Leben.

Dieser Quell ist wie Nektar
für meine dürstende Seele,
die ihren Weg sich gebahnt hat ins Erdenrund
und die weiter sucht in verschlungenen Pfaden.

So führt mich die Liebe
vom Anfang zum Ende.
Ich bin im Vertrauen,
dass sie mich beschützt,
und mich trägt und behütet,
bis ich einst mich wieder als Tropfen vermische
mit der heiligen Quelle
der Ewigkeit.

# Herbstwind

Herbstwind weht Wehmut in mein Herz.
So schnell vergangen sind die Tage,
bald jährt sich dein Abschied zum weiteren Mal.

Du bist mir noch nah,
in Liebe verbunden,
doch das Band, es ist anders,
als zu Anfang es war.
Noch feiner und leichter
ziehen die Fäden
hinüber in deine,
die andere Welt.

Manchmal scheinst du mir ferner,
hast dein Eigenes nun
und sendest nur ab und an Grüße.
Dann rührt sich die Sehnsucht,
dir noch näher zu sein,
ich vermisse dich in meinem Leben.

Ich frage mich manchmal,
wie wär' es gewesen,
wenn du hier bei uns jetzt noch säßest.
Was geschah, ist geschehen,
mein Leben ist jetzt,
doch dein Lächeln, es wird immer fehlen.

Was ich tun kann, ist einzig,
dich in mir zu treffen,
dich zu rufen mit innerer Stimme.
In den leisesten Tönen,
da finde ich dich,
im zartesten Grund meines Herzens.

## Noch immer

Noch immer regt sich sanfte Sehnsucht,
steigt Wehmut auf wie Meereswogen,
tief vom Herzen.
Meine Tränen die Schaumkrone,
die sichtbar macht, welchen Weg ich ging.
Die Trauer noch lebendig,
selbst wenn vom tiefsten Schmerz
nur noch Erinnerung bleibt
und Liebe, Dankbarkeit in allem sind.

Nur ein paar Atemzüge,
die die Tränen ehren,
und Ruhe schafft sich ihren Raum.
Mein neues Leben ruft nach mir.

Und immer wieder staune ich,
wie der Weg meiner Seele sich entfaltet,
wie aus dem schwersten Schicksalsschlag
ein Quell von Sinn und Schönheit wird.

Ach, möge meine Weisheit wachsen
und Demut mein Begleiter sein.
Dass ich dein Licht der Liebe weitertrage,
mit offenem Herzen
ins Hier und Jetzt.

# Tanz zwischen Himmel und Erde

Geliebte Seele,
so lang schon gehst du deinen Weg
und ich meinen.
Meine Schritte haben festeren Boden,
mein Frieden ist beständig und echt.
Und gerade wieder besucht mich die Trauer,
eine tiefe Berührung – ich weiß nicht, woher.
In diesem Moment der Sehnsucht und Liebe
möcht‘ ich mich tiefer mit dir verbinden,
dich in meinem Innern und – ach, wie gern
würd‘ ich dich auch im Außen finden.

Ich weiß es und fühl‘ es:
Wo ich bin, bin ich richtig.
Ohne dein Da-Sein und Gehen
wär ich nicht die, die ich bin.
Wäre nicht in meine Größe hineingewachsen –
doch die Narbe, sie zieht und bleibt Teil von mir.

Du hast mir deinen Wunsch in die Hände gegeben,
dass wir beide zwischen den Welten vermitteln
und ich konnte nicht anders, als diesem Ruf zu folgen.
Es geht um den Tanz zwischen Himmel und Erde,
die Verbindung zu spüren, zu leben, zu sein;
die Lebendigkeit zwischen den Zeilen zu fühlen,
in Räumen, die nur innen erfahrbar sind.

So öffnen sich Türen von Zauberhand
für das Strömen der Freude, für Vertrauen und Kraft.
Wenn ich ganz mich in diesem Tanze verliere,
hört das Denken auf und ein Fließen beginnt.
Ich bin eins mit der Schöpfung,
bin hier
und bei dir.

# Folgekind

## Einladung für eine neue Seele

Liebe kleine neue Seele,
magst du achtsam näherkommen?
Liebe große neue Seele,
bist schon heute angenommen.

Offen uns're liebend Herzen,
heilen noch die Abschiedsschmerzen.

Darfst du selbst sein, frei und eigen,
freudig im Familienreigen.

Hör nur eine Herzensbitte:
Bleib recht lang in unserer Mitte!

# Zartes Glück

Ein zartes, kleines Glück durchzieht mich.
Kann ich es glauben?
Darf ich es glauben?
Dass die Schwere langsam weicht,
dass das neue kleine Wesen
seine eigene Leichtigkeit mitbringt?
Dass mein Kindlein diesmal bleibt,
es leben will,
uns nicht nur begrüßt
um dann doch zu entfliegen?

So unwahrscheinlich erscheint mir dies noch
und würde so gern daran glauben.
Noch bin ich vorsichtig,
freue mich leise,
bewahre mein süßes Geheimnis.

Ich liebe dich jetzt schon,
spür‘ innige Freude
und gleichzeitig Angst,
dich gehen zu lassen;
noch einmal am Abgrund,
die Arme so leer,
das möcht‘ ich nicht wieder erleben.

# Willkommen

Einen neuen Gast auf Erden
hat das Schicksal in unsere Arme gespült.
Wir empfangen sein Wesen mit offenen Herzen,
voller Liebe in unsrem Familienkreis.

Wie unergründlich ist dies Wunder,
das Kommen und Gehen auf unserer Welt.
Wie dankbar sind wir für die Geschenke des Lebens,
die Verbindung der Seelen im Zeitengrund.

# In meinen Armen

Du liegst in meinen Armen hier,
so zart und klein und selig.
Dein Atem klingt in meinen Ohren,
dein Körper wärmt mir meinen Schoß.
Dies Glück scheint mir so unermesslich,
so groß, ein solcher Segen.

Du hast dich tief in mein Herz gezaubert,
bist wie Balsam für innere Wunden,
ziehst mich hin an des Lebens lebendigen Puls.
Du forderst mich in jeder Minute,
eröffnest mir neue Herzensklänge.
Ich sing‘ und scherze mit dir –
leichte Freude.

Welch Wunder, dass du da bist, Liebes,
dass du wächst und gedeihst – einfach so.
Und doch weiß ich genau,
wie es wär‘, wenn du gingest.
Diese Täler des Schmerzes
hab‘ ich einmal durchschritten
und die Reise geht lange noch weiter.
Dein Geschwisterkind fehlt so in unserem Kreise,
braucht viel achtsamen inneren Raum.
Ach, bleib du doch bei mir hier auf Erden, mein Schatz,
dies ist mein größter und innigster Wunsch!

Du weißt noch nichts von meiner Angst,
lebst ganz im Urvertrauen.
Wie wünschte ich, dir gleichzutun:
gehalten und geborgen sein,
getragen von der Mutter Erde.
Und tief in mir Gewissheit spüren:
So wie es ist, so ist es gut.

Ich wiege dich hin und wiege dich her,
von Wogen der Zärtlichkeit lass‘ ich mich tragen.
Sie geben mir Halt, sind ein Anker im Jetzt.
Just in diesem Moment
bin ich die glücklichste Mutter,
es gibt keine Angst,
es gibt nur die Liebe.

Und du schläfst und kuschelst dich an.

# Bewegtes Leben

So schön ist es grad –
und doch muss ich weinen.
Mal fühl ich mich stark, voller Schaffensdrang,
und dann wieder hilflos, erschöpft.

Im Herzen so viel froher Mut, so viel Freude,
doch die dunklen Wolken der Angst
trüben immer wieder den Sonnenschein,
bis der Wind des Bewusstseins sie fortbläst.

Die Liebe zu meinen Kindern ist so groß
und so groß auch die Sehnsucht,
sie alle auf Erden zu haben.

Als Erdenmutter bin ich gefordert,
bin immerfort da für den wonnigen Schatz,
der mich einnimmt mit Haut und mit Haar.

Auch mein Sternenkind ruft mich
mit zartsilberner Stimme,
schickt Wellen der Wehmut
ins Seelenmeer mir.

So bewegt sich mein Schifflein
in stürmischer See,
treibt auf und treibt nieder.
Mir bleibt nur,
meine Lieder der Liebe zu singen,
den Blick voller Hoffnung
zum Morgenstern.

# Tropfen im Lebensrad

Ihr seid meine Liebsten.
Wen soll ich lieben, wenn nicht euch?
Wen soll ich geben, wenn nicht mich?

Es dreht sich das Rad der Gezeiten
und wir sind mittendrin.
Wie perlende Wassertropfen
springen wir her und hin,
reflektieren das Licht
und spiegeln uns wider
einer im anderen.

Alles scheint in Bewegung,
ein Auf und ein Ab
im Strudel des Daseins,
mal ganz leicht,
dann mühsam und schwer,
wenn Gedanken kreisen,
wenn sich Widerstand breitmacht,
wie ein Staudamm
vor dem Fließen der Freude.

Wie gern würd‘ ich brechen Gedankendämme,
ich will frei sein
von Anspruch und Mühsal.
Ach, wär‘ ich mir doch nur beständig gewahr,
dass ich mir meine Welt selbst erschaffe.
Meine Welt in den Tropfen im endlosen Rad,
die doch alle dem Meere entstammen.

Könnte ich sehen und fühlen,
dass das Meer und ich eins sind,
dann wär‘ ich noch Tropfen
und doch so viel mehr,
würde nie mehr die Liebe verlassen.

# Andere Mutter

Manchmal
bin ich eine Mutter
wie die anderen auch,
mit vielen kleinen Gedanken,
Wünschen, Freuden und Sorgen,
eingespannt und ausgefüllt
im Alltag mit meinem Erdenkind.
Diese Alltäglichkeit tut mir gut,
das ganz normale, bunte Leben.

Und manchmal wieder
besucht mich ein feines Gefühl.
Es drängt an die Oberfläche aus meinen Tiefen,
mit Tränen, mal ohne –
und immer mit Liebe.

Mein Engel klopft an,
öffnet innerste Räume,
lockt mich wieder und wieder
hinter Fassaden des Scheins.
Diese stillen Momente
sind so kostbar und rein,
oft auch schmerzvoll und traurig,
nicht bei dir zu sein.

Du hast mich zu mir selbst gebracht,
mich tieferes Fühlen und Handeln gelehrt.
Ich bin andere Mutter, bin anderer Mensch.
Dies ist dein Geschenk
an mich und die Welt
und ich trage es dankbar im Herzen.

# Eine Familie

Du bist Teil von uns, doch unsichtbar
auf der anderen Seite
des seidenen Vorhangs;
deine und unsere Seelen verbunden
mit unzähligen goldenen Fäden der Liebe.
Wir sind eine Familie
mit strahlenden Herzen
und nichts kann uns trennen.

Deine Geschwister können wir
halten und küssen,
begleiten im Wachsen und Lernen.
Mit dir können wir nur im Herzen schwingen,
dich lieben, vermissen,
geborgen wissen,
dir unsere innigsten Lieder singen,
die klingen bis hin zu den Sternen.

# Segen

Ich wünsche dir, dass du in Liebe erblühst,
dass dein Kern sich in Freiheit entfaltet.
Vertrauen in dich
und die Welt
und das Leben,
neugierig und offen
zum Neuen hin.

Ich wünsche dir Lebendigkeit in jeder Zelle,
die kribbelnd-pulsierend
dich freudig erfüllt
und du leichtfüßig, unbeschwert tanzt.

Ich wünsche dir Mut,
deine Wahrheit zu sprechen,
auf den eigenen Füßen
deinen Raum dir zu nehmen,
auch wenn manchmal ein Gegenwind bläst.

Ich wünsche dir ein Netzwerk
von liebenden Freunden,
das dich nährt und umhüllt und erfreut.
Mitgefühl mit den Menschen,
mit Tier und Natur, mit dir selbst,
nicht zuletzt – immer wieder.

Ich wünsche dir Träume,
die die Sterne ergreifen,
dass du wünschst ohne Ängste und Grenzen.
Denn die Welt steht dir offen,
wenn du sie umarmst,
voller Klarheit und Hoffnung vorangehst.

Ich wünsche dir Stille,
inneren Frieden,
der dich trägt und behütet,
egal, was geschieht,
so dass du mit offenen Händen und Herzen
die Gaben der Schöpfung empfängst
und sie weiter verteilst.

Möge das Licht deiner Seele
in die Weite erstrahlen
und lebendige, leuchtende Kreise ziehen.

Sei gesegnet,
mein Kind,
du bist ein Geschenk
und dein innerstes Wesen
ist Liebe.

## Inga Elisabeth Ohlsen

wurde 1983 in Hamburg geboren, studierte Politikwissenschaft und Slawistik und arbeitet als Referentin im sozialen Bereich. Während der Trauerzeit um ihre 2011 verstorbene erste Tochter rückte ihr innerer Weg noch stärker als zuvor in den Mittelpunkt. In Aus- und Weiterbildungen zur Heilpraktikerin und in der intuitiven Energiearbeit vertiefte sie ihre Erfahrungen und begleitet andere Eltern von Sternenkindern. Inga Elisabeth Ohlsen lebt mit ihrem Mann und den beiden 2013 und 2014 geborenen Geschwisterkindern in Berlin.

www.inga-ohlsen.de

## Andrea Ohlsen

wurde 1956 in Hamburg geboren. Dort arbeitet sie als Künstlerin und Lehrerin. Sie erschafft Tonskulpturen, Bilder in Acryl und kreative Einrichtungsgegenstände.

Für alle, die einen geliebten Menschen verloren haben oder denen die Themen Trauer und Abschied am Herzen liegen, gibt es dieses Buch unter dem Titel

Wie ich dich fühle
Gedichte für Trauernde

Es umfasst die meisten Gedichte und Fotos aus dem vorliegenden Band, zum Teil in leicht abgewandelter Form.

Bibliografische Information der Deutschen Nationalbibliothek
Die Deutsche Nationalbibliothek verzeichnet diese Publikation in der Deutschen Nationalbibliografie; detaillierte bibliografische Daten sind im Internet über http://dnb.d-nb.de abrufbar.

**Besonderer Hinweis**



2. Auflage November 2016

Verlagsanschrift Anton-Hochmuth-Straße 8
5020 Salzburg, Österreich
Internet www.editionriedenburg.at
E-Mail verlag@editionriedenburg.at

Lektorat Dr. phil. Heike Wolter, Regensburg
Satz und Layout edition riedenburg
Fotos der Skulpturen © Inga Elisabeth Ohlsen und Andrea Ohlsen
Herstellung Books on Demand GmbH, Norderstedt

ISBN 978-3-903085-66-4